Malplaquet

Hilaire Belloc

Writat

Cette édition parue en 2023

ISBN : 9789359251493

Publié par
Writat
email : info@writat.com

Contenu

I
LE SENS POLITIQUE DE MALPLAQUET

Cette signification politique que nous devons rechercher dans toute histoire militaire, et sans laquelle cette histoire ne peut être exacte, même sous son aspect technique, peut être exprimée pour la bataille de Malplaquet dans les termes suivants.

Louis XIV. succédant à une période prudente et constructive dans la vie nationale de la France, celle-ci succédant à son tour à la longue impuissance des guerres de religion, trouva sous ses ordres lorsque prit fin sa longue minorité une société non seulement avide et unie, mais commençant aussi à donner le fruit dû à trois générations actives de discussion et de combat.

Chaque domaine de la vie nationale manifestait une vitalité extrême et, tandis que le système ordonné et donc convaincant de la culture française s'imposait à l'Europe occidentale, suivit dans son sillage le triomphe des armes françaises ; le roi, dans ce triomphe, a presque perfectionné un royaume qui aurait eu pour limites celles de l'ancienne Gaule.

Il serait trop long de décrire, même en termes généraux, les enjeux majeurs dépendant des ambitions nationales de Louis XIV et de leur succès ou échec.

D'une part, il défend le maintien de la civilisation catholique contre les forces séparatistes et dissolvantes du Nord protestant ; dans un autre, il est l'antagoniste permanent du Saint-Empire romain germanique, ou plutôt de la maison d'Autriche, qui y avait atteint une hégémonie permanente. Un jugement extravagant considère ses grands succès comme une menace pour l'indépendance collective de l'Europe ou – selon un autre point de vue – comme une opportunité pour la fondation d'une véritable unité européenne.

Mais toutes ces considérations générales peuvent, aux fins de l'histoire militaire, être considérées à la seule lumière de l'action finale et décisive de Louis XIV. pris lorsqu'il décida, en 1701, de soutenir les prétentions de son jeune petit-fils au trône d'Espagne. C'est ce qui a excité contre lui une coalition universelle, et les actes consécutifs à cette décision principale ont attiré dans la coalition le facteur décisif de la Grande-Bretagne.

La suprématie des armes françaises durait en Europe depuis quarante ans lorsque fut décidée la politique espagnole. Louis vieillissait. Cet épuisement financier qui suit presque invariablement une génération de forte activité nationale, et qui est presque invariablement masqué par un état extérieur pompeux, était une réalité déjà présente bien que non encore découverte dans la condition de la France.

C'est à la fin de cette année 1701 que le roi de France avait décidé l'union des deux couronnes de France et d'Espagne dans sa propre famille. Ses forces occupèrent les Pays-Bas espagnols, que nous appelons aujourd'hui le Royaume de Belgique ; d'autres de ses armées étaient réparties le long du Rhin ou opéraient dans le nord de l'Italie, car la coalition commença aussitôt à se faire sentir. Deux hommes de génie réunis dans un accord exact, les qualités de chacun complétant les défauts de l'autre, pour diriger les principales armées qui opéraient contre les Français. Ces hommes étaient le prince Eugène de Savoie (Français de naissance et de formation, exilé volontaire et animé toute sa vie par la détermination de se venger de Louis XIV), et l'Anglais John Churchill, duc de Marlborough.

La combinaison d'une telle paire était irrésistible. Son fruit est apparu presque au début de la nouvelle situation dans la grande victoire de Blenheim.

Cette action, menée en août 1704, fut la première grande défaite enregistrée par les armes françaises au cours de cette génération. Désormais, les forces commandées depuis Versailles furent contraintes de se tenir sur la défensive.

Blenheim réussit coup sur coup. En 1706 la grande bataille de Ramillies, en 1708 l'action écrasante d' Audenarde , confirmèrent la suprématie des alliés et l'abaissement de la France. Au début de 1709, la défaite finale de Louis et sa volonté de demander la paix étaient considérées comme acquises.

L'épuisement financier, dont j'ai parlé, était déjà présent, quoique à peine soupçonné, en 1701, et s'aggrava en 1709. Les méthodes ordinaires de recrutement de l'armée française — qui, en principe, se faisaient sur une base volontaire — avaient depuis longtemps atteint et dépassé leurs limites. L'échec des récoltes en 1708, suivi d'un hiver d'une terrible rigueur, avait parachevé la catastrophe et, au printemps 1709 qui suivit, Louis n'avait d'autre choix que d'approcher les alliés en leur proposant des conditions de capitulation.

Il semblait que la route vers Paris était enfin ouverte. Les forces alliées aux Pays-Bas étaient non seulement largement supérieures numériquement à toutes celles que les Français épuisés pouvaient maintenant leur opposer, mais en outre, dans leur équipement, dans leurs approvisionnements, dans la nourriture des hommes et dans tous les détails matériels, elles étaient sur un pied d'égalité. une position totalement supérieure aux unités correspondantes de l'ennemi, homme pour homme. Ils avaient en outre l'avantage incalculable du prestige. La victoire leur paraissait normale, la défaite à leurs adversaires ; et les chances de la coalition contre Louis étaient si écrasantes que ses dirigeants décidèrent avec jugement d'exiger de ce monarque les conditions les plus complètes et les plus humiliantes.

Bien que diverses sections des alliés différaient individuellement quant à leurs objectifs et à leurs exigences, leur objectif général de détruire complètement la puissance offensive de la France, de reconquérir toutes ses conquêtes, et en particulier de chasser les Bourbons du trône d'Espagne, était tenu en compte. commun et vigoureusement poursuivi.

Marlborough fut aussi actif que quiconque pour pousser les revendications aussi loin que possible ; Eugène, les politiciens au pouvoir des princes anglais, hollandais et allemands étaient d'accord.

Louis fit naturellement tous ses efforts pour atténuer le coup, même s'il considérait comme inévitable son acceptation d'une humiliation grave et permanente. Les négociations furent entreprises à La Haye et durent longtemps. Ils occupèrent la fin du printemps 1709 et s'étendirent jusqu'au début de l'été. Le roi de France était prêt (comme le montrent ses instructions à ses négociateurs) à abandonner chaque point, même s'il s'efforçait de négocier ce qui restait après chaque concession. Il perdrait les forteresses frontalières, qui constituaient la barrière de son royaume au nord-est. Il consentirait même à l'abandon de l'Espagne à l'Autriche.

Si cette paix à laquelle les capitaines de l'Europe se préparaient avec confiance avait été déclarée, l'histoire future de notre civilisation se serait révélée matériellement différente de ce qu'elle est devenue. Il est à présumer qu'un effondrement complet des forces de la France aurait suivi ; que la monarchie de Versailles aurait sombré immédiatement dans un tel discrédit que le XVIIIe siècle aurait vu la France divisée et peut-être en proie à la guerre civile, et l'on peut même conclure que les grands événements d'un siècle plus tard, la Révolution et les campagnes de Napoléon , ne pouvait pas naître d'une société aussi affaiblie.

Il arriva cependant qu'une de ces légères erreurs de calcul qui produisent dans l'histoire ses principales conséquences, empêcha l'humiliation complète de Louis XIV. Les exigences des alliés furent poussées sur un dernier point juste au-delà de la ligne que le parti vaincu valait la peine d'accepter, car il était exigé du vieux roi non seulement qu'il cédât sur tous les points, non seulement qu'il devrait abandonner les prétentions de son propre petit-fils au trône d'Espagne (que Louis lui-même avait maintenant, après huit années de sage administration, singulièrement renforcé), mais prendre lui-même les armes contre ce petit-fils et coopérer dans sa propre honte en aidant à l'en chasser. Il était stipulé que Louis agirait ainsi (si son petit-fils faisait preuve de résistance et s'accrochait toujours à son trône) en compagnie de ceux qui avaient été pendant tant d'années ses ennemis acharnés et vainqueurs.

Ce dernier petit élément du programme des vainqueurs a tout changé. Elle détruisit dans l'esprit de Louis et de ses sujets les avantages de la paix honteuse qu'ils s'étaient crus obligés d'accepter ; et, comme Louis lui-même le disait si bien, s'il était encore obligé de poursuivre la guerre, il valait mieux échouer en la poursuivant contre ses ennemis que contre sa propre maison.

Le roi a adressé aux autorités de son royaume et à son peuple une lettre circulaire qui reste un modèle d'appel politique. Grave, bref et résolu, il exprimait exactement l'ambiance commune du moment. Il a rencontré une réponse enthousiaste. Les campagnes épuisées parvenaient tout juste à fournir aux armées une maigre quantité d'avoine et de seigle (car le blé était introuvable). Les recrues apparurent en nombre inattendu ; et bien que personne ne puisse croire que l'issue pourrait être autrement que désastreuse, la campagne de 1709 fut entreprise par une nation unie.

Il ne pouvait être question d'une action offensive française contre les forces écrasantes de leurs ennemis. Villars, qui commandait les armées de Louis XIV. sur la frontière nord-est, opposant Marlborough et Eugène, dressa une ligne de défense composée de retranchements, de terres inondées et de l'utilisation des cours d'eau existants, une ligne allant des environs de Douai vers l'est jusqu'à la frontière belge. Derrière cette ligne, avec son quartier général à La Bassée , [1] il attendait l'assaut fatal.

C'est à la fin du mois de juin que les grandes forces ennemies se déplaçèrent. Leur première action ne fut pas une tentative de pénétrer dans la ligne mais de prendre les forteresses sur sa droite, ce qui permettrait à la défense de se retourner. Ils mettent donc le siège devant Tournai, la première des deux forteresses gardant la droite de la ligne française. (Mons était le deuxième.)

Ici, le premier point matériel de la campagne montra la puissance de résistance que la tradition et la discipline entretenaient encore dans l'armée française. La longue résistance de Tournai et de sa petite garnison détermina en grande partie ce qui allait suivre. Son siège avait été entrepris dans l'espoir d'une fin rapide, que l'exiguïté de sa garnison et l'impossibilité de son secours rendaient probable. Mais bien que Marlborough ait établi son quartier général devant l'endroit le soir du 27 juin et Eugène le lendemain, le 28, bien que des tranchées aient été ouvertes la première semaine de juillet et que le premier des violents combats ait commencé le 8. Ce mois-là, bien que la ville elle-même fût occupée après quinze jours de lutte, ce ne fut que le 3 septembre que la citadelle se rendit.

Cette résistance prolongée a largement déterminé ce qui allait suivre. Tant que cela dura, aucune action ne put être entreprise contre Villars. Pendant ce temps, les forces françaises se renforçaient et, plus important encore, les premiers résultats de la récolte commençaient à se faire sentir.

Tournai prise, il appartenait aux alliés de percer le plus tôt possible la ligne de défense française, et dans ce but d'amener Villars au combat et de le vaincre.

Le plan choisi pour cet objet était le suivant :—

L'armée alliée devait marcher à l'extrême droite des positions que les Français pouvaient espérer défendre. Là, les alliés conteniraient la petite garnison de Mons. C'est là que devait marcher la masse des forces françaises pour barrer l'avancée de l'ennemi sur Paris, et sur un point proche de Mons tout le poids des alliés pourrait tomber sur eux, les détruire et laisser ouverte la voie de la capitale.

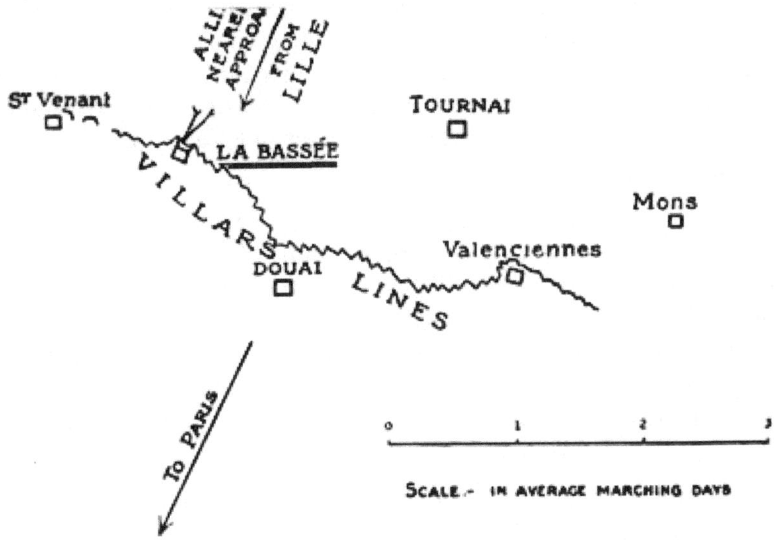

Croquis montrant comment les lignes de La Bassée ont bloqué l'avancée des Alliés sur Paris,
et le plan de Marlborough pour les retourner par la prise successive de Tournai et de Mons.

Le plan était stratégiquement judicieux. Les lignes de La Bassée proprement dite ne pouvaient être percées, mais cette extrémité droite des positions françaises était appuyée par une campagne facile ; les marécages, canaux et retranchements de la ligne principale au nord et à l'ouest étaient absents. Avec la défaite des forces françaises inférieures à ce stade, tous les obstacles à une avancée vers le cœur de la France seraient supprimés.

Le plan fut aussi rapidement exécuté qu'habilement conçu . En fait, avant la capitulation de la citadelle de Tournai, mais lorsqu'on s'aperçut que cette capitulation ne pouvait être qu'une question d'heures, Lord Orkney avait commencé à s'avancer vers les environs de Mons. Le jour de la capitulation de Tournai, le prince de Hesse-Cassel était parti pour Mons, Cadogan le suivant avec la cavalerie. Moins de vingt-quatre heures après que Tournai eut cédé, toute l'armée alliée était en marche toute la nuit. Jamais opération militaire ne fut exécutée avec une organisation plus exacte, ni avec une obéissance plus prompte. Trois jours plus tard, Mons était contenue, et le lundi 9 septembre, Villars attendait, à quelques kilomètres à l'ouest de cette forteresse, l'assaut des alliés.

Il y a eu deux jours de retard, dont nous parlerons en détail plus loin. Pour les besoins de cet aperçu introductif du sens politique de la bataille, il suffit de fixer la date, le mercredi 11 septembre 1709. Un peu avant huit heures du matin, le premier coup de canon de la bataille de Malplaquet fut congédié. A la supériorité numérique des alliés, les Français pouvaient opposer le retranchement et ce caractère de la localité du combat, ou « terrain », qui sera détaillé dans une page ultérieure. Cependant, il était douteux que l'on puisse découvrir un facteur du côté français quant à la supériorité *morale* , à l'équipement et à la subsistance des alliés.

Un enthousiasme inattendu prêtait quelque chose à la résistance française ; le retard de deux jours ajoutait quelque chose de plus à leur puissance défensive. Comme on le verra dans la suite, certaines erreurs (notamment sur la gauche de la ligne de Marlborough) contribuèrent également au résultat, et toute la journée se passa en une série d'attaques et de contre-attaques qui laissèrent intactes les forces françaises et leur permirent en début d'après-midi, compter sur l'épuisement de l'ennemi et laisser, en ordre et sans perte, le champ de bataille à l'ennemi.

La victoire de Marlborough à Malplaquet fut à la fois honorable et grande. Les Français furent contraints de se retirer ; les alliés occupèrent le soir de la bataille le terrain sur lequel la lutte avait eu lieu. C'est avec justice que Malplaquet est compté comme la quatrième de ces grandes actions réussies qui distinguent le nom de Marlborough, et c'est avec justice que l'on compte la conclusion de la série dont les trois autres termes sont Blenheim, Ramillies et Audenarde . Autant cela suffirait si la guerre consistait à marquer des points comme on le fait dans un jeu. Mais lorsque nous considérons la guerre comme isolée, elle doit être considérée dans le cadre des objectifs sérieux de l'histoire, c'est-à-dire sous son aspect politique ; et quand on se demande ce qu'a été Malplaquet dans la séquence politique des événements européens, le retrait des Français du champ de bataille en début d'après-midi du 11 septembre 1709 n'a aucune signification comparable au fait que les alliés n'ont pas pu poursuivre.

Stratégiquement, la victoire signifiait qu'une armée qu'elle était censée détruire s'était maintenue intacte ; moralement, la bataille a laissé les vaincus plus exaltés que les vainqueurs ; et c'est pour cette raison que le résultat fut bien plus en leur faveur que ce qu'on espérait. Dans ce qui est le plus important de tout, la fortune générale de la campagne, la victoire des alliés à Malplaquet était un signal aussi sûr que l'avance sur Paris ne pouvait pas avoir lieu, et un obstacle aussi sûr à cette avance que si Marlborough et Eugene avait enregistré, non pas un succès, mais une défaite.

Des situations de ce genre, qui rendent les victoires stériles ou même négatives, paradoxales pour le lecteur général, assez simples dans leur aspect militaire, abondent dans l'histoire de la guerre. Il est peut-être plus important de les expliquer si l'on veut rendre l'histoire militaire intelligible que de décrire les préliminaires et les mouvements de la grande action décisive.

Le « blocage » de Malplaquet (pour reprendre la métaphore courante dans l'histoire de France), la puissance inattendue de résistance dont a fait preuve cette dernière des armées françaises, et l'effet moral de cette résistance sur les alliés, ont une signification historique presque aussi aussi élevé que celui de Blenheim de l'autre côté. On a dit à juste titre qu'on peut gagner chaque bataille et perdre une campagne ; dans un certain sens, on peut dire qu'une personne peut gagner une campagne et en subir une perte politique.

Malplaquet fut le tournant à partir duquel il devint évident que le déclin de la position française en Europe n'irait pas plus loin. De même que Blenheim avait marqué le renversement de la marée contre Louis, Malplaquet a marqué l'étale lorsque la marée était prête à tourner en sa faveur . Après Blenheim, il était certain que l'ambition de Louis XIV. a été vérifié, et il est probable qu'il échouerait complètement. Après Malplaquet, il était également certain que la destruction totale du pouvoir de Louis était impossible, que le projet d'une marche sur Paris pouvait être abandonné et que les dernières phases de la grande guerre diminueraient les chances des alliés.

Les Hollandais (dont les troupes notamment avaient été anéanties sur la gauche du champ de bataille) maintenaient certes leur attitude intransigeante, mais plus avec la vieille certitude du succès ; L'Autriche aussi et ses alliés continuèrent la guerre, mais une guerre vouée à la puérilité, à une sorte d'impasse qui devait aboutir à un compromis. Mais c'est en Angleterre que l'effet de la bataille fut le plus remarquable.

En Angleterre, où l'opinion n'avait que tardivement accepté la nécessité de la guerre neuf ans auparavant, et où les fruits de cette guerre étaient désormais considérés comme tout à fait suffisants pour satisfaire les revendications anglaises, cette action négative, suivie d'aucun plus grand fruit que la capitulation de la petite garnison de Mons commença l'agitation pour la paix. Regardez attentivement cette agitation dans ses détails, et les motivations personnelles vous confondront ; les motivations de la reine, de Harley, des ennemis de Marlborough. Regardez-le à la lumière générale de l'histoire nationale et vous vous apercevrez que l'hiver qui suivit Malplaquet , hiver de désillusion et de mécontentement, engendra en Angleterre une opinion qui rendit enfin la paix certaine. L'accusation portée contre Marlborough selon laquelle il aurait mené la bataille en pensant à sa position politique défaillante est probablement injuste. L'accusation selon laquelle il l'a combattu par soif de sang est certainement une stupide calomnie. Mais l'impopularité d'un si grand homme ayant réussi un succès technique aussi considérable prouve suffisamment à quel prix on estimait en Angleterre la stérilité de ce succès. C'est le gouvernement anglais qui, le premier, ouvrit des négociations secrètes avec Louis pour la paix l' année suivante ; et lorsque le grand instrument qui clôt la guerre fut signé à Utrecht en 1713, c'était après que les troupes anglaises eurent été retirées de leurs alliés, après qu'Eugène, agissant seul, eut subi un sérieux échec, et en général la paix d'Utrecht fut conclue dans des conditions bien plus favorables à Louis que ne l'aurait été n'importe quelle paix signée à La Haye en 1709. Les Pays-Bas espagnols furent cédés à l'Autriche, mais la France garda intacte ce qui est encore sa frontière belge. Elle conserva ce qu'elle avait perdu depuis sur la frontière du Rhin, et (le plus remarquable de tous !) le petit-fils de Louis fut autorisé à rester sur le trône d'Espagne.

Tel est le cadre politique général de cette action féroce, l'une des plus déterminées connues dans l'histoire des armes européennes, et donc l'une des plus légitimement glorieuses ; celui dans lequel les hommes étaient les plus prêts, à l'appel du devoir et sous l'influence de la discipline, à sacrifier leur vie pour la défense d'une cause commune ; et qui, comme tous ces sacrifices doivent le faire, éclaire l'histoire des diverses traditions nationales concernées, des Anglais comme des Hollandais, des principautés allemandes comme des Français.

Aucune action ne prouve mieux la valeur historique de la valeur .

II
LE SIÈGE DE TOURNAI

Lorsque les négociations de paix eurent échoué, c'est-à-dire dès l'ouverture de juin 1709, le roi de France et ses forces durent surtout redouter l'invasion du pays et la marche sur Paris.

Le croquis ci-joint montrera quelles étaient les préoccupations du commandant français à la frontière nord-est.

Lille était aux mains de l'ennemi. Il y avait encore une petite garnison française à Ypres, une autre à Tournai et une troisième à Mons. Ceux-ci, à eux seuls (considérant que Lille, la grande ville, était désormais occupée par les alliés, et compte tenu aussi de la largeur de l'écart entre Ypres et Tournai) ne purent empêcher l'invasion et l'avancée sur la capitale.

Il fallait opposer une barrière plus redoutable à la ligne de progression que la topographie traçait pour les alliés au cœur de la France.

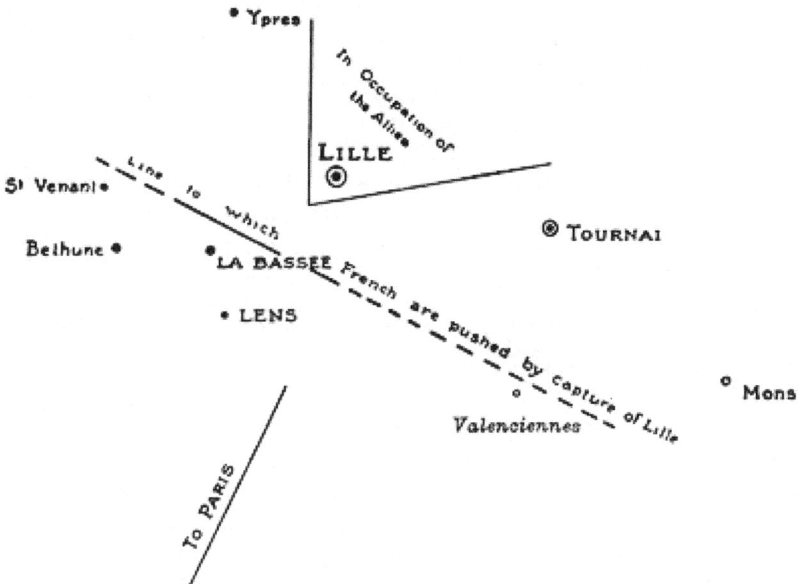

Croquis montrant comment les Alliés tenant Lille ont repoussé les Français sur la ligne défensive St Venant -Valenciennes, et ainsi coupé les garnisons françaises d'Ypres, Tournai et Mons.

On craignait en effet qu'une descente ne soit entreprise sur les côtes et qu'une avancée ne soit tentée le long de la vallée de la Somme. La peur était sans fondement. Organiser ainsi le transport des troupes par mer, les débarquer, apporter et continuer l'énorme approvisionnement en provisions et en munitions dont elles auraient besoin, était bien moins pratique que d'utiliser les grandes forces déjà constituées sous Marlborough et Eugène aux Pays-Bas. . Quelle était l'ampleur de ces forces , nous le verrons dans un instant.

La barrière que Villars entreprit d'ériger à la tête des forces françaises, et qui est connue dans l'histoire sous le nom de « Lignes de La Bassée », est donc le premier point sur lequel il faut fixer notre attention pour comprendre la campagne. de Malplaquet , et pourquoi cette bataille a eu lieu là où elle s'est déroulée.

Ce fut le 3 juin que Louis XIV. avait écrit à Villars pour lui dire qu'une reprise de la guerre allait maintenant être entreprise. Le 14, Villars commença à jeter de la terre pour la formation d'un camp retranché entre le terrain marécageux de Hulluch et celui de Cuinchy . Il propose ici de concentrer la masse de ses forces, avec La Bassée juste devant lui, la ville de Lens derrière lui. Il utilise les voies navigables et les terrains inondés devant et à droite pour former ses lignes défensives. Ceux-ci suivirent la haute vallée de la Deule , le tracé de son canal, et reposèrent enfin leur droit sur la Scarpe. Bien que la ligne régulièrement fortifiée ne dépasse pas le camp près de La Bassée , il élève également quelques retranchements devant Béthune et Saint Venant afin de couvrir toute marche qu'il pourrait avoir à faire vers sa gauche si l'ennemi tentait de tourner. lui dans cette direction.

Il faut encore noter que de la Scarpe partaient vers l'est les anciennes « lignes de La Trouille » mises en place lors d'une campagne antérieure, et aujourd'hui largement inutiles, mais couvrant encore, d'une manière ou d'une autre, les environs de Mons.

Vers la fin du mois de juin, Villars attendait l'avancée des alliés. Ses forces étaient inférieures de 40 000 à celles de son ennemi. Il n'avait que huit hommes sur douze. La saison de l'année, précédant immédiatement la récolte, rendait l'approvisionnement de ses troupes extrêmement difficile, et ce n'est que la veille de l'assaut final que les sommes nécessaires à leur solde et aux autres besoins de l'armée atteignirent. lui; mais il avait fait ce qu'il pouvait, et, s'appuyant sur une tradition nationale aussi vieille que Rome, il avait très sagement compté sur la fortification.

Les mêmes conditions de saison qui produisirent quelque chose comme la famine dans le camp français, bien qu'elles ne pesèrent pas aussi sévèrement sur celui des alliés, rendirent également difficile l'approvisionnement de leur vaste armée.

C'était la première intention de Marlborough et d'Eugène d'attaquer immédiatement les lignes, de les forcer et de détruire le commandement de Villars. Mais ces lignes avaient été soigneusement reconnues , notamment par Cadogan, qui, avec un groupe d'officiers anglais et sous un déguisement, s'était fait connaître leur force. Il fut donc décidé au dernier moment, en partie aussi à cause des craintes des Hollandais, pour qui la possession de toutes les forteresses de la frontière était d'une importance primordiale, de ne faire qu'une « feinte » sur les lignes de Villars et de diriger les troupes. armée sur Tournai comme son véritable objectif. La feinte prit la forme d'une marche d'Eugène vers l'extrémité gauche ou occidentale de la ligne, de Marlborough vers l'extrémité orientale ou droite près de Douai, et ce mouvement général s'effectua dans la nuit du 26 au 27 juin. En pleine exécution, la feinte (qui trompa pour le moment Villars) fut arrêtée.

La journée du 27 fut passée sans mouvement, Villars refusant de quitter ses retranchements et les commandants alliés ne donnant aucune indication sur leur prochaine intention. Mais le même jour, Tilly et les Hollandais s'étaient présentés devant Tournai. Le soir du jour où Marlborough lui-même se trouvait devant la ville. Le 28, le prince Eugène rejoignit les Hollandais et Marlborough devant la ville, prenant son quartier général à Froyennes , Marlborough étant à Willemeau , et les Hollandais, sous Tilly, déjà établis à l'est de Tournai d' Antoing à Constantin, juste en face d'Eugène. où ils ont jeté un pont sur l'Escaut. Le 28 au soir, Tournai était donc investi de toutes parts, et les grandes armées alliées, composées de 110 000 à 120 000 hommes, avaient abandonné tout espoir de porter les lignes de Villars et s'étaient attelées à la prise de la forteresse frontière. [2]

La compréhension de ce siège de Tournai, qui détermina si largement la fortune de la campagne de Malplaquet , sera facilitée par le croquis qui l'accompagne. Il est évident ici que Marlborough avec son quartier général à Willemeau , Eugène avec le sien à Froyennes , les Hollandais sous Tilly dans un demi-cercle d' Antoing à Constantin, achevèrent l'investissement de la forteresse, et que le pont existant à Antoing que commandaient les Hollandais, le Le pont de Constantin qu'ils avaient construit, donnant accès au fleuve au nord et au sud, complétait la boucle.

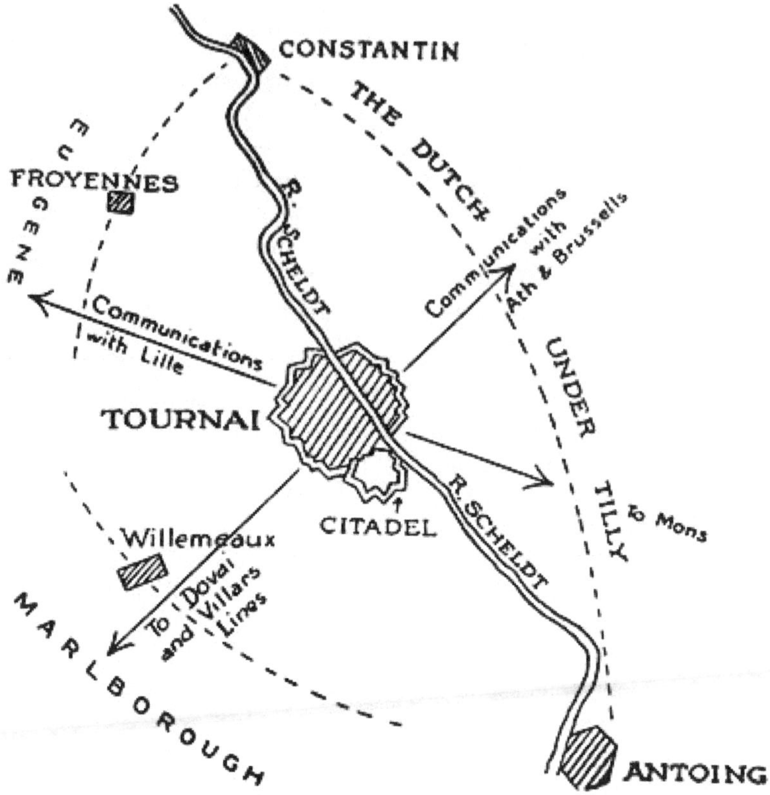

Croquis montrant l'investissement complet de Tournai.

Les fortifications de Tournai étaient excellentes. Vauban avait supervisé ce chantier en personne, et le plan des fortifications était remarquable par la force de la citadelle qui se trouvait à l'écart de la ville (bien qu'à l'intérieur de son anneau de terrassement) au sud. Le voyageur peut encore reconnaître dans son abandon cet énorme exploit des sapeurs de Louis XIV, et l'opposition qu'il allait opposer aux grandes armées de Marlborough et d'Eugène fait presque autant honneur au génie de l'ingénieur français qu'à celui de l'ingénieur français. ténacité de la petite garnison qui la défendait alors.

Deux facteurs de la situation doivent d'abord être appréciés par le lecteur.

La première est que l'infériorité des forces de Villars ne lui permettait pas de faire autre chose que de manifester contre l'armée d'observation. Il fut obligé d'abandonner Tournai à son sort, et, en effet, le roi dans ses premières instructions, Villars dans sa réponse, avait tenu pour acquis que cette ville ou Ypres serait assiégée et tomberait. Mais la valeur d'une forteresse ne dépend pas de son inviolabilité (car on ne peut jamais en tenir compte), mais de la durée pendant laquelle elle peut tenir, et à cet égard Tournai devait en donner toute la mesure.

Deuxièmement, il faut faire savoir aux alliés que leur tâche, d'une durée inattendue, a été entravée par des conditions météorologiques exceptionnelles. La pluie tombait continuellement et, bien que leur maîtrise de l'Escaut réduisît dans une certaine mesure le problème du transport, la pluie à cette époque sur les routes par lesquelles les alliés s'approvisionnaient constituait un lourd handicap. La garnison de Tournai comptait treize bataillons et demi, cinq compagnies détachées, le complément d'artilleurs nécessaire à l'artillerie et quelques brigades irlandaises - au total, en comptant l'état de délabrement des unités françaises à l'heure actuelle, environ six à sept. mille hommes. Peut-être, en comptant tous les combattants et non-combattants attachés à la garnison, sept mille hommes.

Le commandement de cette force était sous Surville , avec le grade de lieutenant général. Ravignon et Dolet étaient ses subordonnés. Le blé ne manquait pas pour une si petite force. Rationné, il suffisait pour quatre mois. La viande faisait défaut et, ce qui était important avec une importante population civile encombrant la petite garnison, l'argent. Surville , l'évêque et d'autres ont fait fondre leur assiette ; même celui des autels de la ville était sacrifié.

La première tranchée fut ouverte dans la nuit du 7 juillet, et trois premières attaques furent portées : une par la porte dite de Marvis, qui regarde à l'est, une autre par la porte de Valenciennes, la troisième à la porte dite des Sept. Ressorts. Une sortie du second d'entre eux fut assez réussie, et sur ce modèle les opérations se poursuivirent pendant cinq jours.

Au bout de ce temps, une centaine de pièces lourdes avaient remonté l'Escaut depuis Gand, ainsi qu'une soixantaine de mortiers. Quatre grandes batteries furent formées. Celui du sud ouvre le feu le 13 juillet, et le 14 les trois autres le rejoignent.

La discipline maintenue dans les grands camps des assiégeants était sévère, et les assiégés connurent le recrutement inhabituel de cinq cents à six cents déserteurs qui pénétrèrent dans leurs lignes. Un corps considérable de déserteurs se dirigea également vers les lignes de Villars, et les opérations de ces premiers jours furent assez violentes pour faire environ quatre mille morts et blessés du côté des alliés. Villars, quant à lui, ne pouvait que manifester sans succès. Outre l'infériorité de ses forces, il lui était encore impossible, avant la récolte, d'établir une accumulation de blé suffisante pour permettre un mouvement en avant. Il ne disposait jamais de provisions de pain pour quatre jours à la fois et, compte tenu de la longueur de sa ligne, il ne pouvait pas non plus la concentrer sur un seul endroit. Il était nourri au compte-gouttes au jour le jour et vivait au jour le jour tandis que le siège de Tournai se déroulait à l'est de lui.

Ce siège entrait, à la fin du mois, à la fin de sa première phase.

Cela avait été un combat désespéré entre moi et contre moi, même en ce qui concerne le contournement général de la ville, même si le pire, bien entendu, était à venir lorsque la citadelle serait attaquée. Les batteries contre la place avaient été augmentées jusqu'à compter cent douze pièces lourdes et soixante-dix mortiers. Dans la nuit du 24 juillet, le chemin couvert à droite de l'Escaut fut pris avec de lourdes pertes ; quarante-huit heures plus tard le chemin de ronde à gauche entre la rivière et la citadelle. Les travaux du cor devant la porte des Sept Sources furent exécutés le 27, et les travaux isolés entre cette pointe et la porte de Lille le lendemain. Surville, dans son rapport, dans le véritable esprit d'autocritique français, imputait à l'échec coupable de ses défenseurs la perte de ces ouvrages avancés. Mais la perte, quelle qu'en soit la cause, déterminait la perte de la ville. Quelques heures plus tard, des brèches praticables avaient été faites dans les murs, des passages avaient été comblés au-dessus des fossés et, à l'imminence d'un assaut général, Surville , le 28, exigeait des conditions. La capitulation fut signée le 29 et le commandant envoya avec elle une lettre à Versailles détaillant les raisons pour lesquelles il exigeait des conditions pour la population civile. Enfin, le 30 [3] Surville avec 4 000 hommes, tout ce qui restait de ses 7 000 hommes d'origine, se retira dans la citadelle et s'y disposa pour une résistance aussi longue que possible. Comme sa chance le décidait, il allait pouvoir tenir avec cette petite force pendant cinq semaines complètes.

C'est à Marlborough que revient l' honneur de la capitulation. Les troupes assiégeantes étaient sous son commandement, tandis qu'Eugène dirigeait l'armée d'observation vers l'ouest. Marlborough envoya quelque huit mille hommes dans la ville sous Albemarle. Un accord verbal fut donné des deux côtés que la citadelle ne tirerait pas sur la partie civile et que les alliés ne lanceraient pas d'attaque contre la citadelle, et le siège de cette place forte commença le lendemain, 21, vers le soir. Les opérations contre la citadelle se sont révélées bien plus sévères et ont constitué une épreuve bien plus grande pour les troupes de Marlborough que celles contre la circonvallation générale de la ville. La lutte souterraine entre moi et contre moi affecta particulièrement le moral des alliés, et après une semaine une proposition apparut [4] selon laquelle les combats actifs devraient cesser, le siège serait converti en blocus, et seul le petit nombre d'hommes suffisant car un tel blocus devait être laissé devant la citadelle jusqu'au 5 septembre, date jusqu'à laquelle, avec un mois d'avance au plus, on croyait que la garnison pourrait tenir. Louis était prêt à accepter les conditions à condition que ce mois soit celui d'une trêve générale. Les alliés refusèrent cette condition et les hostilités reprirent. [5]

La force employée pour contenir la citadelle et poursuivre son siège n'avait pas besoin d'être très importante.

C'était une guerre d'une espèce terrible. Les hommes se rencontraient sous terre dans les mines, étaient brûlés vifs lorsque celles-ci jaillissaient, étaient épuisés, parfois jusqu'à la mort, dans les travaux souterrains et périlleux . La masse de l'armée était libre de menacer Villars et son gros corps.

Mais l'admirable ingénierie qui avait instruit et complété les lignes de La Bassée freinait encore les alliés, malgré un nombre supérieur et un approvisionnement toujours supérieur.

L'effet des moissons commençait en effet à peine à se faire sentir, et le général français commençait à avoir, pour ainsi dire, un peu plus de marge de manœuvre pour disposer ses hommes grâce au réapprovisionnement progressif de ses provisions. Mais malgré cela, Marlborough et Eugène avaient un très grand avantage sur lui à cet égard.

Alors que le siège de la citadelle de Tournai durait depuis un peu plus d'une semaine, le 8 août, le gros des alliés tomba subitement sur Marchiennes . Ici, la Scarpe défendait les principales positions françaises. La ville elle-même s'étendait sur la rive opposée comme un bastion. L'attaque a été lancée sous Tilly et, conformément à la force de toutes les positions défensives de Villars, cette attaque a échoué. Dans la nuit du 9, Tilly se retira devant Marchiennes , après avoir subi la perte de quelques-uns de ses hommes.

Cette action, bien qu'elle ne soit qu'un détail de la campagne, mérite d'être notée, car elle expose dans une sorte de section les causes de Malplaquet .

Malplaquet , comme nous le verrons dans un instant, fut combattu simplement parce qu'il avait été impossible de percer la ligne de Villars, et Malplaquet , bien que victoire, fut une victoire stérile, plus utile aux vaincus qu'aux vainqueurs, car la défense avait été entretenu pendant si longtemps et a pu choisir son propre terrain.

Or, tout ce caractère de la campagne précédant la bataille est illustré par la tentative de Marchiennes les 8 et 9 août et son échec. S'il avait réussi, si la ligne avait été percée, il n'y aurait pas eu de « blocage » à Malplaquet mais une invasion immédiate de la France, tout comme il y aurait eu si la ligne avait été percée lors de la première tentative de cinq semaines auparavant.

La semaine suivante et la semaine suivante, Villars n'a cessé d'étendre cette ligne. Il l'amena solidement jusqu'à St Venant à sa gauche, jusqu'à Valenciennes à sa droite. Il le renforça continuellement, afin qu'en aucun endroit il n'ait besoin d'un corps d'hommes considérable pour le tenir, et que la masse de l'armée soit libre de se déplacer à volonté derrière ce fort retranchement et cette digue, fortifiée comme elle l'était avec soin. l'inondation et l'utilisation de deux grands fleuves.

Quoique le corps des alliés parût de nouveau au voisinage des lignes, aucune attaque générale ne fut portée, mais le 30 août Villars apprit par des déserteurs et des espions que la citadelle de Tournai était à bout de provisions. Bien qu'une certaine minorité de l'armée alliée fût nécessaire pour contenir cette citadelle, une fois qu'elle serait tombée, l'ensemble des forces alliées serait beaucoup plus libre d'agir.

Ce fut le 31 août que Surville , se trouvant à bout de vivres , proposa la capitulation. Au début, aucune capitulation ne pouvait être obtenue. Marlborough insista sur la reddition complète de la garnison ; Surville répondit en menaçant de détruire les lieux. Ce n'est que le 3 septembre au matin qu'une capitulation fut signée selon laquelle les officiers et les soldats de la garnison ne seraient libres de servir le roi qu'après avoir été échangés. Les troupes devraient marcher avec armes et drapeaux et être escortées en toute sécurité à travers les lignes françaises jusqu'à Douai. Ils atteignirent cette ville et ce camp le 4, et un échange de prisonniers contre leur nombre fut bientôt effectué .

Ainsi, au bout de deux mois, se termina le siège de Tournai, pièce de résistance qui, comme le lecteur le verra bientôt, détermina tout ce qui allait suivre. Six mille quatre cents hommes occupaient la place lors de son premier investissement. Parmi eux, 1 709 (près d'un tiers) avaient été tués ; un nombre à peu près égal avait été blessé. Les chiffres suffisent à montrer le caractère désespéré des combats, et combien cet épisode de guerre valait de part et d'autre les légendes qui en naquirent.

III
LA MANŒUVRE DE POSITION

Avec la fin du siège de Tournai, les deux armées étaient libres, l'une pour attaquer sans entraves, l'autre pour se défendre du mieux qu'elle pouvait derrière les lignes.

Lancer une attaque frontale contre les lignes de Villars en tout point paraissait à juste titre impossible, après l'expérience passée qu'Eugène et Marlborough avaient de leur force. Un plan différent a été déterminé. Mons, avec sa petite garnison, serait investi, et la masse de l'armée devrait, à l'extrême droite de la position française, tenter de percer les anciennes lignes de la Trouille et d'envahir la France.

Coïncidant avec les premières négociations pour la capitulation de la citadelle de Tournai, ce nouveau plan était engagé. Lord Orkney, avec les grenadiers de l'armée et entre 2,000 et 3,000 hommes à cheval, fut envoyé en marche vers le sud-est au moment même où s'ouvraient les premières négociations de Marlborough avec Surville . Avec cette force mobile, les Orcades tentèrent de franchir la Haine à St Ghislain . Il faillit surprendre ce moment-là, à une heure de la sombre nuit de septembre, mais les postes français arrivèrent juste à temps. Il fut repoussé et dut traverser la rivière plus haut, à l'est de Mons, au Havre.

Le petit chèque n'était pas sans importance. Cela signifiait que la marche rapide de son avant-garde n'avait pas réussi à forcer cette extension extrême de la ligne française, qui était appelée « la ligne de la Trouille » du nom de la petite rivière qui se jette dans la Haine près de Mons. En ce qui concerne le temps – qui est essentiel dans la guerre défensive – le succès de la défense de Saint- Ghislain signifiait que toute action des alliés était retardée d'environ une semaine. Pendant ce temps, le temps s'était transformé en pluies persistantes et harcelantes, l'armée alliée, « peinant dans une mer de boue » [6] , n'avait investi Mons, même du côté oriental, que dans la soirée du 7 septembre. Le même jour, Villars profitait d'un élément naturel, plus fort en défense que la ligne de la Trouille . Cette caractéristique était la ceinture de terres forestières qui s'étend au sud et un peu à l'ouest de Mons, entre cette ville et Bavai . Il renforça les forces qu'il avait sur la ligne de la Trouille (les petits postes qui avaient arrêté la première avance sur Mons, comme je l'ai dit), concentra toute l'armée juste derrière et à l'ouest de la barrière forestière, et surveillant les deux brèches. de cette barrière, dont l'importance sera expliquée dans un instant, il s'étendait, le dimanche 8 septembre au matin, sur une ligne qui s'étendait depuis la rivière Haine à Montreuil jusqu'au pont d'Athis derrière les bois ; gardant sa droite au cas où il devrait soudainement déplacer la ligne vers le sud pour faire face à une attaque. Dans cette position,

Villars se trouvait dans la position d'un homme qui peut être attaqué par l'une des deux portes d'un mur. Un tel homme se tiendrait entre les deux portes, les surveillant toutes deux, et prêt à sauter sur celle qui pourrait être attaquée et à tenter de la défendre. Le mur était le mur de bois, les deux portes étaient l'ouverture par Boussu et l'autre ouverture étroite qui se distingue par le nom d' Aulnois , le principal village à son embouchure. C'est cette dernière qui devait prouver en cas d'événement le champ de bataille.

Tout cela, je dois le rendre plus clair et plus détaillé dans ce qui suit, et terminer cette section par un simple exposé de la manœuvre pour prendre position.

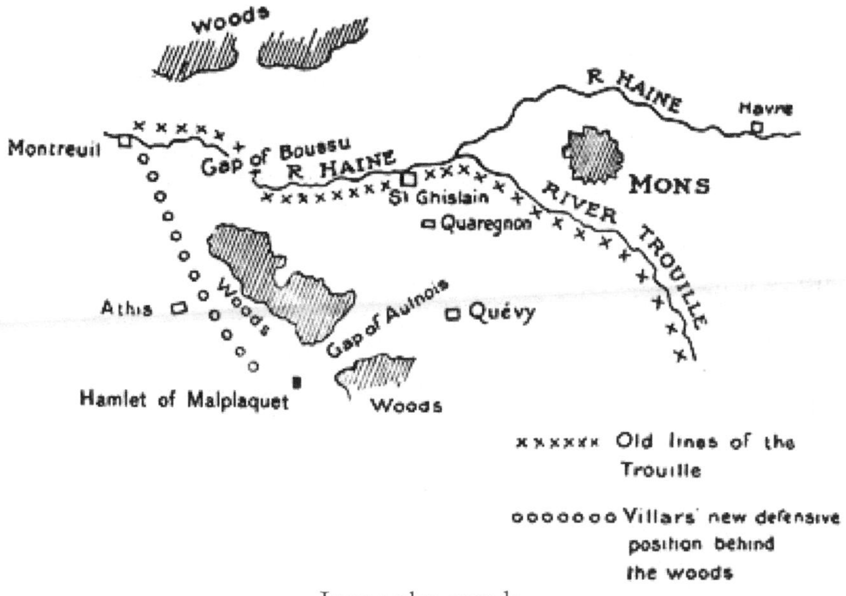

Image plus grande

Croquis montrant les lignes de bois derrière Mons,
avec les deux trouées de Boussu et d'Aulnois .

Villars se trouvant, comme je l'ai dit, avec sa droite à Athis , sa gauche sur la rivière Haine à Montreuil, Marlborough lui opposa en amenant le gros de ses forces sur la Trouille [7] afin qu'elles se situent de Quevy à Quaregnon .

Eugène fit monter sa moitié et la dressa comme une extension de la ligne du duc de Marlborough, et le soir du dimanche et le matin du lundi, toutes les troupes qui étaient à Tournai ayant été entre-temps appelées, les alliés L'armée se trouvait en face de la deuxième ou au sud des deux ouvertures du mur forestier. Villars, le dimanche, s'est légèrement décalé vers la gauche ou vers le sud dans la journée pour faire face à la nouvelle position de son ennemi. Il était évident, ce lundi matin 9 septembre, que l'action, lorsqu'elle serait forcée, se déroulerait dans la deuxième et la plus méridionale des deux brèches. Ce même lundi matin, Villars amène toute son armée encore plus au sud et se trouve désormais juste devant les alliés et barrant la brèche d' Aulnois . A dix heures, le centre des forces françaises était stationné devant le hameau de Malplaquet , à midi il avait avancé d'un kilomètre et demi, s'étendant de bois en bois, et attendait l'assaut. Quelques coups de canon inefficaces furent échangés, mais l'attaque attendue n'eut pas lieu. Largement à l'avantage des Français et au préjudice inexplicable des alliés, Marlborough et Eugène ont gaspillé tout ce lundi et tout le mardi suivant : le résultat, nous le verrons quand nous arriverons à la bataille, car Villars a utilisé chaque instant de son répit pour se retrancher. et fortifie sans cesse.

Cependant, avec le rassemblement de l'armée française à travers la brèche, les manœuvres de prise de position prennent fin, et sous le titre « Les préliminaires de la bataille », je décrirai ensuite l'arrivée des Boufflers - un avantage moral à ne pas mépriser - le le terrain, les défenses françaises et le plein effet du retard inattendu de la part des alliés.

IV

LES PRÉLIMINAIRES DE LA BATAILLE

L'arrivée de Louis François, duc de Boufflers , pair et maréchal de France, sur la frontière et devant l'armée de défense , fut un de ces avantages intangibles que l'historien civil aura tendance à exagérer et les militaires à minimiser, mais qui, bien que insensibles au calcul ou à la mesure, peuvent toujours s'avérer d'une grande conséquence pour une force et ont parfois décidé entre la victoire et la défaite. Cet avantage ne résidait pas dans la singulière capacité de commandement de Boufflers , ni, comme on le verra tout à l'heure, dans la direction suprême de l'action qui allait suivre. C'était un grand général. Son service sous les armes avait occupé toute sa vie et toute son énergie ; il devait avoir une haute et digne réputation dans le domaine particulier de sa carrière. Mais bien plus encore, la magie de son nom et le juste prestige qui s'attachait à l'intégrité et à la valeur de l'homme le précédaient avec une influence spirituelle que ressentait chaque soldat et qui ranimait tout le corps de la défense . Son bilan était particulièrement adapté à la confirmation d'hommes qui luttaient contre toute attente, sous la déception, à la fin d'une longue série de défaites et sur une dernière ligne vers laquelle les armes nationales avaient été repoussées après cinq années d'échec presque ininterrompu. .

Boufflers avait alors 66 ans et paraissait plus âgé. Son visage magistral et proéminent, large, direct, d'expression humoristique, plein de commandement, était l'indice d'une vie bien vécue dans le domaine de l' organisation , de l'obéissance et enfin de la direction suprême. Il y a des années , à Namur, sa ténacité, sous la pression d'une offensive supérieure, lui avait valu le caractère particulier qu'il portait aujourd'hui. L'année précédente seulement, sa conduite du siège de Lille, alors qu'il avait résisté avec détermination à la certitude d'une capitulation définitive, avait refusé de céder la place même après avoir reçu les ordres de son souverain, et avait finalement obtenu, par sa détermination inébranlable, une capitulation de l'espèce la plus honorable était fraîche dans l'esprit de tous. On raconte qu'à son arrivée dans le camp français, les acclamations avec lesquelles il fut accueilli atteignirent la ligne adverse et que les alliés furent poussés par l'énorme rumeur à s'attendre à un assaut instantané. Il était un de ces chefs qui, en partie par leur légende, plus par leur vertu réelle, sont une sorte de drapeau et de symbole pour les soldats qui ont la chance de recevoir leur commandement.

De neuf ans l'aîné en âge de Villars, d'une expérience militaire bien supérieure, possédant de nouveau en grade le droit au commandement suprême (car il avait reçu depuis longtemps le grade de maréchal), il n'en résolut pas moins de se mettre tout entier à Villars. ", car il savait quelle importance était la continuité de la direction face à l'ennemi. A la fin de la dernière campagne, alors qu'il espérait la paix, il s'était honorablement retiré. Sa vie touchait à sa fin ; dans deux ans, il devait mourir. Il sacrifia à la fois la prétention et le fait de supériorité si chers au commandant, et dit à Villars qu'il venait simplement comme volontaire pour aider de son mieux et soutenir le commandement suprême dans le combat à venir.

Il était arrivé à Arras le jour même de la capitulation de Tournai. Le lendemain, il avait atteint le quartier général de Villars, près de Douai, Sin le Noble, au centre de la ligne défensive. Il avait suivi le mouvement vers l'est de la masse de l'armée française le long de cette ligne jusqu'à leur établissement actuel entre les deux bois et jusqu'au terrain après quoi l'action serait décidée. Dans cette action, il fut placé à la tête des troupes de droite, tandis que Villars, s'occupant surtout de gauche, conservait le commandement général et commandait toute la disposition des forces françaises.

Le paysage qui s'offrait aux commandants français lorsque, le lundi matin, leur ligne fut tracée et la bataille immédiate attendue, n'a pratiquement pas changé au cours des deux cents ans qui se sont écoulés entre eux et aujourd'hui. Je vais le décrire.

De la vallée de la Sambre (dont le grand fleuve se trouve à une journée de marche au sud de la position française), le terrain s'élève graduellement en longs rouleaux de champs nus. À la tête de ce versant se trouve un pays de bassin versant typique, un pays typique des bassins versants situés sur des terres ni vallonnées ni montagneuses ; de petits ruisseaux lents, se réduisant à de simples filets d'eau à mesure que l'on monte, coupent l'argile ; et le paysage, bien qu'au niveau de la ligne de partage des eaux elle-même se trouve à une hauteur de 500 pieds au-dessus de la mer, a l'apparence d'une plaine. Il est en effet difficile, sans l'aide d'une carte, de déterminer quand on est passé de l'une à l'autre rive de la passe d'eau, et le sommet réel est, à cette époque de l'année, une étendue confuse et plate de plaines ouvertes. des chaumes en jachère, et ici et là des terres grossières, bruyères et non cultivées. Ce niveau s'étend sur deux ou trois milles dans tous les sens, bosselé par de légers roulis entre ruisseau et ruisseau, et sur la ligne de partage des eaux proprement dite marquée par un ou deux étangs stagnants. À sept miles derrière vous, alors que vous vous trouvez sur le champ de bataille, se trouve le petit bourg français de Bavai , qui fut pendant des siècles l'un des grands centres de la domination romaine. C'était la capitale des Nerviens. Sept grandes voies romaines en partent encore, vers Reims, vers Cologne, vers Utrecht, vers Amiens, vers la mer. Deux en particulier, celle de Trèves et celle de Cologne, s'écartant progressivement comme les deux doigts voisins d'une main, sont les voies naturelles par lesquelles une armée avançant vers un tel champ ou s'en retirant communiquerait avec Bavai comme base. [8]

La particularité de ce terrain n'est pas qu'il soit le sommet d'une ligne de partage des eaux ; en effet, comme je l'ai dit, sans une carte, on ne devinerait pas qu'elle portait ce caractère, et à l'œil elle présente l'apparence d'une plaine ; c'est plutôt sa disposition symétrique comme une large ceinture de terrain découvert, flanquée de chaque côté au nord et au sud par deux grands bois. Celui de droite est connu sous le nom de bois de Lanière , celui de gauche porte plusieurs noms dans ses diverses parties, et se souvient le mieux sous le titre général de « Forêt de Sars ». L'écart entre ces deux bois se rétrécit jusqu'à une ligne qui a précisément 2 000 mètres d'étendue et s'étend du nord-ouest au sud-est, les deux points les plus proches où l'un des bois se rapproche de l'autre étant éloignés l'un de l'autre de cette distance et se portant l'un vers l'autre. l'autre sur ces points cardinaux. L'armée française, stationnée en rase campagne et s'étendant de bois en bois, faisait donc face un peu au nord-est. Les alliés, rangés à un mille et demi de distance, au large début de cette brèche, regardaient un peu au sud de l'ouest. Derrière ce dernier, à une journée de marche, se trouvait Mons ; derrière le premier, à environ sept milles se trouvait Bavai ; et la frontière moderne ainsi que la frontière topographique naturelle de la ligne de partage des eaux s'étendent juste en face de ce qui était alors l'emplacement de la ligne française.

Du côté français, les champs dénudés ne sont marqués que par quelques hameaux, dont le chef est le petit village de Malplaquet , quelques maisons bâties le long de ce qui est aujourd'hui la grande route de Bruxelles. Certains réservistes français étaient postés dans ce village, accompagnés de quelques sections d'artillerie, mais les champs devant lui étaient complètement ouverts à l'action.

Du côté belge s'étendait une série de villages considérables ; trois d'entre eux, de droite à gauche, marquaient la position principale des alliés. Leurs noms du nord au sud, c'est-à-dire de la gauche des alliés à la droite, sont Aulnois , Blaregnies et Sars. Le premier d'entre eux se trouve juste sous le bois de Lanière ; le second fait face à la brèche entre les bois ; la troisième se trouve derrière le bois de gauche, et en tire son nom, et s'appelle, comme nous l'avons vu, la forêt de Sars. [9]

Les dispositions que prendrait l'armée française dans une telle position défensive étaient assez évidentes. Elle doit défendre l'écart en se retranchant ; il lui fallait mettre des forces considérables dans les bois à droite et à gauche de la brèche pour empêcher que les retranchements ne soient tournés. Le caractère de Villars et la tradition française de dépendre de la terre chaque fois que cela était possible devaient, si l'on en accordait le temps, rendre formidable le retranchement de la brèche ouverte. Le grand nombre engagé de part et d'autre en laissait un nombre considérable à la disposition de chaque commandant, pour que l'un puisse s'en servir pour tenir les bois, et par l'autre pour tenter de les forcer ; à peine plus de la moitié des forces françaises ont besoin de défendre la brèche ouverte. Cette brèche était si propre, avec ses champs dénudés après la moisson, l'absence de haies, l'insignifiance des ruisseaux, à l'action de la cavalerie, qu'on laisserait des portes ou des brèches dans le retranchement français pour l'usage de cette arme afin de permettez aux hommes à cheval de passer et de charger si la nécessité d'une telle action pourrait s'en faire sentir. En général, donc, nous devons concevoir la position française comme de forts retranchements jetés à travers la brèche et bordés d'infanterie, la cavalerie rangée en arrière pour traverser l'infanterie quand l'occasion l'exigeait, à travers la ligne de retranchement, et ainsi charger ; les deux bois de chaque côté étaient remplis d'hommes, et la position occupée par ceux-ci était défendue par des troncs d'arbres abattus et des ouvrages de terrassement qui pouvaient difficilement être construits dans les sous-bois denses.

Ce serait l'affaire des alliés d'essayer de forcer cette ligne, soit en transportant les retranchements centraux à travers la brèche, soit en tournant le flanc gauche français dans la forêt de Sars ou le flanc droit français dans le bois de Lanière, ou encore par les deux . de ces tentatives combinées ; car il faut se rappeler que la supériorité numérique des alliés leur donnait le choix de l'action. Si la position de gauche ou celle de droite était forcée, la ligne française serait inversée et la destruction de l'armée achevée. Si le centre était percé efficacement et à temps, la moitié nord de l'armée ainsi séparée serait certainement détruite, car il n'y avait aucune ligne de retraite efficace ; la moitié sud pouvait ou non s'échapper vers la vallée de la Sambre. Dans les deux cas, une victoire décisive détruirait les derniers corps de défense français et ouvrirait la voie à une marche presque ininterrompue sur Paris.

Il sera évident pour le lecteur qu'avec les méthodes connues de Villars, sa dépendance à l'égard de ses ingénieurs, la tradition du service français à cet égard, le nombre inférieur des forces françaises et les nécessités criantes de la position, les travaux de terrassement serait un facteur déterminant dans le résultat.

Or, la valeur du retranchement est une question de temps, et avant de procéder à une description de l'action, nous devons, si nous voulons en comprendre le résultat, apprécier l'importance de l'avantage conféré aux Français par le retard dans l'attaque des alliés. .

Comme je l'ai dit, c'est dans la matinée du lundi 9 septembre que les deux armées se sont rangées l'une en face de l'autre, et il n'y a aucune raison apparente pour que l'assaut n'aurait pas eu lieu ce jour-là. S'il avait été livré, nous ne pouvons guère douter qu'une défaite décisive des Français n'en aurait résulté, que la voie vers Paris aurait été ouverte et que la ruine de la monarchie française aurait immédiatement suivi. Dans l'état actuel des choses, aucune attaque n'a été lancée ce lundi-là. Toute la journée de mardi s'est déroulée sans aucun mouvement. Ce n'est que mercredi matin que les alliés ont bougé.

Le problème de ce retard est un problème que l'historien doit considérer avec anxiété, car la réponse à ce problème explique la stérilité et l'échec politique associés au nom de Malplaquet . Mais c'est une question à laquelle l'historien ne parviendra pas à répondre, à moins que de nouveaux documents ne soient mis au jour. Tout ce que nous savons maintenant, c'est que lors d'un conseil de guerre tenu le lundi du côté des alliés, il a été jugé bon d'attendre que toutes les troupes de Tournai soient arrivées (bien qu'elles fussent peu nombreuses), et qu'il était nécessaire d'attendre. envoyer 9 000 hommes pour tenir le pont sur la Haine à Saint- Ghislain afin d'assurer la retraite en cas de désastre. [dix]

Les historiens anglais blâment les Néerlandais, les Néerlandais les Anglais, et les Autrichiens et les Prussiens blâment les deux.

Peut-être qu'il y aurait eu une attaque le mardi au moins, si Villars n'avait pas passé tout le lundi et toute la nuit du lundi à exiger de ses hommes les travaux les plus inattendus pour construire des retranchements du caractère le plus redoutable. Marlborough et Eugène, sortant devant leurs lignes pour juger de leurs chances le mardi, furent étonnés du travail qui avait été accompli pendant ces vingt-quatre heures. Neuf redans, c'est-à-dire des ouvrages ajourés d'une force particulière, s'étendaient à travers la brèche jusqu'à environ 600 mètres du bois de Lanière , et le reste de l'espace n'était qu'une ligne continue de retranchement. Ce qui avait été fait dans les bois ne pouvait pas être jugé à partir d'une telle enquête, mais on pouvait le deviner, et le forçage de celles-ci devenait un problème très différent de ce qu'il aurait été si une attaque avait été lancée le lundi. Derrière cette ligne principale, Villars dressa une autre et encore une autre série de terrassements ; Malplaquet lui-même , avec la réserve en arrière-plan, fut défendu, et les travaux se poursuivirent sans interruption, même pendant toute la nuit du mardi, avec des relais d'hommes.

Lorsqu'enfin, le mercredi matin, les alliés furent parvenus à un accord tardif et déterminés à forcer une action, leur supériorité numérique, telle qu'elle était (et ce point controversé devra être discuté plus tard), fut tout à fait annulée par la nécessité de rencontrez des fortifications si formidables qu'on les appelle, selon la phrase exagérée d'un témoin, « une citadelle ».

Un dernier point doit être mentionné avant de décrire l'action elle-même : la brèche ouverte à travers laquelle le centre des alliés doit avancer pour briser le centre français et capturer les retranchements était coupée en deux par un grand bosquet ou petit bois, appelé « Le Bois ». de Tiry . » Elle n'était pas défendue, se trouvant trop en avant de la ligne française, et n'avait pas de grandes conséquences, sauf en ce sens : lorsque l'avancée des alliés contre la défense française commençait , elle était obligée de se canaliser et de se couper de tout soutien pour la défense française. un instant, l'extrême gauche de cette avance à travers le canal marqué A sur la carte ci-dessus. Comme on le verra, les Hollandais avancèrent trop tôt et avec trop de force à travers cette brèche étroite, et l'échec qu'ils subirent, qui fut d'un tel effet sur la bataille, n'aurait pas été aussi sévère si le petit bois ne les avait coupés. du soutien du centre .

V
L'ACTION

Dans la matinée du mercredi 11 septembre, l'armée alliée était sur pied bien avant l'aube, et rangée en bataille avant quatre heures. Mais une brume épaisse recouvrait le terrain, et rien ne fut fait jusqu'à ce que vers sept heures et demie celle-ci se dissipe et permette à l'artillerie des forces adverses d'évaluer la portée et d'ouvrir le feu. Afin de comprendre ce qui allait suivre, le lecteur pourra, pour ainsi dire, profiter de ce moment vide du petit matin avant que l'action ne s'engage, pour saisir les positions respectives des deux hôtes.

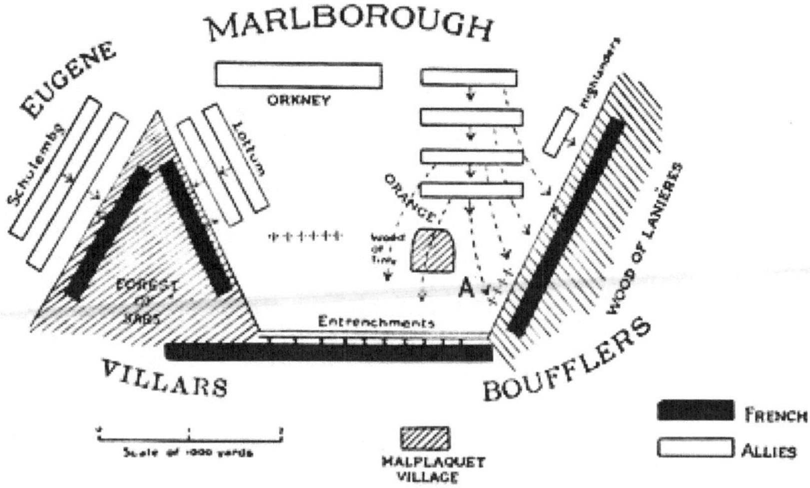

Les éléments de l'action de Malplaquet , 11 septembre 1709.

La nature du terrain a déjà été décrite. Le plan des alliés consisterait naturellement à tenter de forcer les deux bois qui couvraient le flanc français et, tandis que la pression sur ceux-ci était la plus forte, le centre retranché et fortifié . Bien entendu, si l'un ou l'autre des bois était forcé avant que le centre français ne se brise, il ne serait pas nécessaire de poursuivre l'attaque centrale, car l'un ou l'autre des flancs français serait alors tourné. Mais les bois étaient si bien garnis à cette époque, et si fortement bordés de troncs d'arbres tombés et de retranchements tels que le permettaient les broussailles, qu'il parut à Eugene et à Marlborough plus probable que le centre devait être forcé plutôt que l'un ou l'autre des deux . les flancs devaient d'abord être tournés, et le plan général de la bataille dépendait plutôt de la tenue et de l'engagement massif des forces dans les deux bois au nord et au sud que de l'espoir de les éliminer, et le succès final était plutôt attendu. prendre la forme d'un perçage de la ligne centrale tandis que les flancs étaient ainsi maintenus et engagés.

L’issue stérile de l’engagement a conduit les commandants des alliés à s’excuser, bien sûr, et le particulier échec de leur gauche contre la droite française, que nous détaillerons dans un instant, a donné naissance à la thèse selon laquelle seul un « feinte» était prévue de ce côté-là. La thèse peut facilement être rejetée. La gauche était censée accomplir un travail sérieux tout autant que la droite. La thèse selon laquelle il s'agissait de « feinter » n'a été avancée qu'après l'action, et pour en expliquer les résultats incomplets. [11]

Du côté français, le plan était purement défensif, comme le nécessitait et le prouvaient leur nombre inférieur et leur dépendance aux travaux de terrassement. Le plan de Villars était de tenir chaque partie de sa ligne avec une force proportionnée à sa force ; meubler les bois un peu plus lourdement que les retranchements de la brèche ouverte, mais compter partout sur la fermeté de son infanterie et ses protections artificielles pour repousser l'assaut. Il rangea sa cavalerie derrière cette longue ligne de défense d'infanterie , prête, comme nous l'avons déjà dit, à charger à travers les brèches chaque fois qu'une telle action de sa part pourrait paraître efficace.

On verra que le plan des deux côtés était très simple et facile à comprendre. Du côté des alliés , ce n’était guère plus qu’un assaut « au marteau et aux pinces » contre une position difficile et bien gardée ; du côté des Français, guère plus qu'une défense de celui-ci.

Il faut ensuite décrire la nature des troupes engagées dans les différentes parties du champ de bataille.

Du côté des alliés, nous avons :

A leur gauche, c'est-à-dire au sud de leurs lignes et en face du bois de Lanière , le tiers de l'armée sous le prince d'Orange. La majeure partie de ce corps était composée de troupes hollandaises, parmi lesquelles trente et un bataillons d'infanterie étaient présents, et derrière l'infanterie ainsi rangée sous le commandement hollandais se trouvait sa cavalerie, chargée de se tenir hors de portée pendant l'attaque de l'infanterie sur la frontière. bois, et de le charger et de le terminer quand il devrait réussir. Parmi ces troupes, le lecteur britannique devrait noter un corps de Highlanders, connu sous le nom de Brigade écossaise. [12] Ceux-ci ne faisaient pas partie de l'armée britannique, mais étaient spécialement enrôlés dans le service néerlandais. La cavalerie de cette aile gauche était sous le commandement du prince de Hesse-Cassel, dont il est question quelques pages plus haut dans l'avancée sur Mons. Il comptait un peu plus de 10 000 sabres .

L’autre extrémité de la position alliée consistait en deux grandes forces d’infanterie agissant séparément, et de la façon suivante :

D'abord, une force sous Schulemberg , qui attaqua l'angle saillant de la forêt de Sars sur sa face nord, et un autre corps attaquant l'autre côté du même angle, à savoir sa face orientale. Dans la première de ces grandes messes, celle sous Schulemberg, il n'y avait pas de troupes anglaises. En effectif, elle comptait à elle seule près de 20 000 hommes. La deuxième partie, qui devait attaquer la face orientale, était commandée par Lottum et n'était qu'environ la moitié de sa force et contenait une certaine petite proportion d'Anglais.

On peut se demander quand une fois disposés ces deux grands corps de gauche et de droite (dont chacun devait s'occuper d'un des deux bois en face de la brèche), que restait-il pour fournir le centre des alliés ? A cela il faut répondre curieusement : dans les arrangements des alliés à Malplaquet, il n'existait aucun véritable centre . La bataille doit être considérée de leur côté comme une bataille menée par deux ailes isolées, gauche et droite, et se terminant par une attaque centrale composée d'hommes tirés de chaque aile. Si, sur le croquis suivant, la section de A à B est considérée comme la province spéciale de l'aile hollandaise ou de gauche, et la section de C à D est considérée comme la province spéciale de l'aile austro-prussienne ou de droite, alors le milieu -la section entre B et C n'a pas de corps de troupes important qui lui corresponde. Quand le moment fut venu d'agir dans cette section médiane, les troupes nécessaires aux travaux furent tirées des deux extrémités de la ligne. Il y avait cependant deux éléments en rapport avec cette section médiane qui devaient être pris en compte.

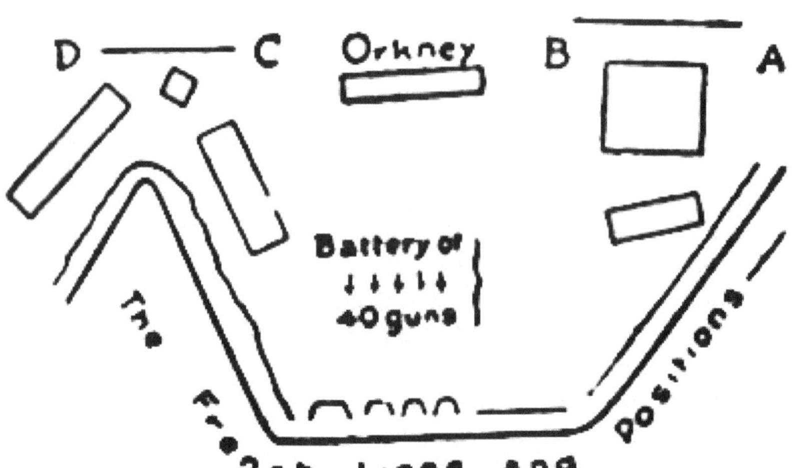

D'abord, une grande batterie de quarante canons, prête à soutenir une attaque contre les retranchements de la brèche, quand le moment viendrait ; et deuxièmement, loin à l'arrière, environ 6 000 soldats britanniques commandés par Lord Orkney étaient répartis et reliaient la droite massive de l'armée à sa gauche massive. Un autre corps doit être mentionné. Tout à fait séparé du reste de l'armée, et tout de suite à gauche du *côté français* de la forêt de Sars, se trouvait le petit corps isolé commandé par Withers, qui devait tenir et embarrasser l'arrière français près du groupe de fermes appelé La Folie. , et lorsque la forêt de Sars fut forcée, il s'associa à l'assaut réussi des Prussiens et des Autrichiens qui auraient dû la forcer.

Le commandement général de la gauche, y compris les bataillons de Lord Orkney, comprenant également (bien que tactiquement ils faisaient partie de l'aile droite) la force sous Lottum , incombait au duc de Marlborough. Le commandement de la droite, c'est-à-dire Schulemberg et la cavalerie derrière lui, appartenait au prince Eugène.

défense française est, de par sa simplicité, assez facile à décrire. Dans le bois de Lanière et dans l'espace découvert à l'extérieur, jusqu'aux champs devant le village de Malplaquet , se trouvaient les troupes sous le commandement du général français d'Artagnan . Parmi les régiments qui tenaient cette partie se trouvaient celui des Bourbonnais, la fameuse brigade de Navarre (la meilleure du service), et certains des mercenaires suisses. La dernière de ce corps à gauche était formée par les gardes françaises. Les retranchements du centre étaient tenus par les brigades irlandaises de Lee et O'Brien, ainsi que par les mercenaires allemands et alliés de Bavière et de Cologne. Ceux-ci gardaient les redans qui défendaient la partie gauche ou nord de la brèche ouverte. Le reste de cette brèche, jusqu'à la forêt de Sars, était tenu par les Alsaciens et par la brigade de Laon, et le commandement en chef dans cette partie appartenait à Steckenberg . La forêt de Sars était pleine de troupes françaises, Picardies, Marines, Régiment de Champagne et bien d'autres, avec une forte réserve de troupes similaires juste derrière le bois. La cavalerie de l'armée formait une longue ligne derrière ce corps d'infanterie retranché ; la cavalerie de maison étant à droite près du bois de Lanière , les Gens d'armes étant au centre , et les Carabiniers à gauche. Ces derniers s'étendaient si loin vers le nord et l'ouest qu'ils arrivaient enfin en face de Withers.

Telle était la disposition des deux armées lorsqu'à sept heures et demie le soleil perça la brume et les premiers coups de canon furent échangés. Marlborough et Eugène avaient décidé qu'ils commenceraient par pousser, aussi fort que possible, l'assaut sur la forêt de Sars. Lorsque cet assaut aurait dû se poursuivre pendant une demi-heure, l'extrémité opposée de la ligne, la gauche, sous le prince d'Orange, [13] devrait engager les troupes françaises tenant le bois de Lanière . On s'attendait à ce que la forêt de Sars soit forcée au début de l'action ; que les troupes du bois de Lanière seraient au moins tenues par l'attaque du prince d'Orange, et que le centre français affaibli pourrait alors être pris d'assaut avec l'utilisation des réserves, des hommes des Orcades et des détachements tirés des deux grandes masses sur les ailes.

Le lecteur peut ici s'arrêter pour considérer l'excellence de ce plan, très probablement celui de Marlborough, et dont le succès relatif était dû à la puissance de résistance inattendue déployée par l'infanterie française ce jour-là.

Il était sage de consacrer la plus grande partie des forces à une double attaque contre la forêt de Sars, car cette forêt, avec ses bois épais et ses lourds retranchements, était à la fois la partie la plus solide de la position française dans sa garnison et son renforcement artificiel. mais faible en ce sens que l'angle saillant qu'il présentait était tel qu'il était impossible, à cause de l'épaisseur des arbres, d'être observé depuis un point central, comme le peut l'angle saillant d'une fortification. Lottum d'un côté, Schulemberg de l'autre, attaquaient avec des forces numériquement plus faibles que les leurs, et formaient des fronts séparés qui ne pouvaient se soutenir mutuellement sous la pression de l'attaque.

Il était sage d'engager les forces du côté français en face de la gauche alliée dans le bois de Lanière une demi-heure après le début de l'assaut sur la forêt de Sars, car il était légitime d'attendre qu'au bout de cette demi-heure la pression Les Français commenceraient à sentir l'impact sur la forêt de Sars, et qu'ils appelleraient des troupes de droite, à moins que la droite ne soit très occupée à ce moment-là.

Enfin, il était sage de ne pas charger le centre d'un gros corps de troupes jusqu'à ce que l'un des deux flancs soit pressé ou brisé, car le centre pourrait, dans ce cas, être comparé à un entonnoir dans lequel un trop grand corps de troupes serait désavantagé face aux forts retranchements qui fermaient l'embouchure de l'entonnoir. Un débat historique s'est élevé sur le véritable rôle de la gauche dans ce plan. Le commandant des alliés a laissé entendre *après* l'action (comme nous l'avons vu plus haut) que la gauche n'était destinée qu'à « feinter ». La meilleure conclusion est qu'ils étaient destinés à faire le pire contre le bois de Lanière , même si, bien sûr, on ne pouvait pas s'attendre à ce que ce « pire » soit comparable à l'attaque fondamentale contre la forêt de Sars, où se trouvaient toutes les principales forces de la bataille. concentré.

Si par « feinte » on entend une partie subsidiaire du plan général, on pourrait laisser passer l'expression, mais ce n'est pas un usage légitime de cette expression, et si, comme cela s'est produit à Malplaquet avec les troupes hollandaises, un corps subsidiaire Si le plan général est mal commandé, la tentation de qualifier le mouvement initial de « feinte », qui s'est développée à partir de la violation des ordres en une véritable attaque, bien que forte pour les commandants déçus, ne doit pas être admise par l'historien précis. D'une manière générale, nous pouvons être certains que les troupes hollandaises et leurs voisins de gauche alliés avaient l'intention de faire tout ce qu'ils pouvaient contre le bois de Lanière , ont fait tout ce qu'ils ont pu, mais ont souffert dans le processus bien plus que ce que Marlborough avait prévu. .

Ces dispositions une fois comprises, nous pouvons passer à la nature et au développement de l'attaque générale qui suivit cette canonnade d'ouverture de sept heures et demie, déjà décrite.

Le premier mouvement des alliés fut une avancée de la gauche sous le prince d'Orange et de la droite sous Lottum . Le premier fut arrêté hors de portée ; le second, après avoir atteint le flanc oriental de la forêt de Sars, se retourna pour faire face à la haie bordant cette forêt et se forma en trois lignes. Il était neuf heures lorsque le signal de l'attaque fut donné par une décharge générale de la grande batterie au centre , en face des retranchements français dans la brèche. Coïncidant avec ce signal , Schulemberg attaqua la forêt de Sars de son côté, la face nord, et lui et Lottum se pressèrent chacun du côté de l'angle saillant qui lui faisait face. L'importante force de Schulemberg pénétra à la lisière du bois, mais pas plus loin. La résistance était furieuse ; l'épaisseur des arbres y contribuait. Eugène était présent de ce côté ; pendant ce temps, Marlborough lui-même conduisait les troupes de Lottum . Il s'avança avec eux contre un feu brûlant, passa le ruisseau marécageux qui borde ici le bois, et atteignit les retranchements qui avaient été dressés juste à l'intérieur de la limite extérieure de celui-ci.

Cette attaque a échoué. Villars était présent en personne avec les troupes françaises et dirigeait la repoussée. Presque au même moment, l'avancée de Schulemberg , de l'autre côté du bois, qu'Eugène surveillait, fut arrêtée. Ses réserves furent appelées. Les intervalles du premier vers ont été comblés à partir du second. Une brigade française bordant le bois fut repoussée, mais le régiment de Picardie et les Marines se démarquèrent d'une force mixte de Danois, de Saxons et de Hessiens qui leur opposaient. Schulemberg échoua donc encore une fois dans cette seconde attaque, mais Marlborough, conduisant à son tour les hommes de Lottum de l'autre côté du bois à une seconde charge, eut un succès un peu plus grand. Il avait alors été rejoint par une brigade britannique dirigée par le duc d'Argyle de la deuxième ligne, et il réussit jusqu'à présent avec cette extension de ses hommes à contourner la lisière des retranchements français dans le bois.

Les Français ont commencé à être pressés de ce côté est de leur angle saillant, en plein milieu des arbres. Le commandement de Schulemberg profita de la pression exercée de l'autre côté. Les Français s'affaiblissaient devant elle, et vers onze heures une grande partie de la forêt de Sars était déjà remplie des alliés, qui repoussaient les Français dans des combats individuels d'arbre en arbre. Vers midi, la bataille de ce côté se déroulait à peu près comme le montre le croquis de la page opposée, et était pour ainsi dire gagnée, car il semblait qu'il suffisait de poursuivre cet effort victorieux pour enfin dégager tout le bois et tourner le Ligne française.

C'est sans aucun doute la forme qu'aurait prise la bataille - une victoire complète des forces alliées par leur droite tournant la gauche française - et la destruction de l'armée française aurait suivi si la gauche alliée n'avait pas rencontré de graves difficultés au moment de l'attaque. l'autre extrémité du champ de bataille.

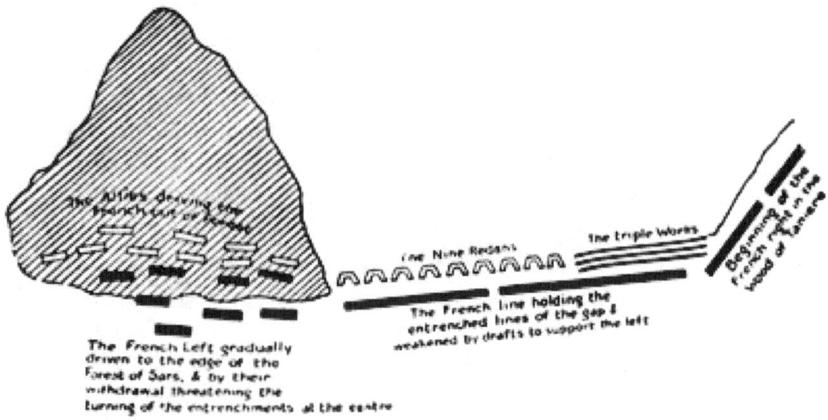

Croquis montrant le péril que le centre français courait vers midi d'être tourné sur sa gauche.

Le plan des généraux alliés, on s'en souvient, était que la gauche de leur armée sous le prince d'Orange attaquerait le bois de Lanière environ une demi-heure après que la droite aurait commencé à opérer une entrée dans la forêt adverse de Sars. Lorsque cette demi-heure fut écoulée, c'est-à-dire vers neuf heures et demie, le prince d'Orange, sans recevoir d'ordres spéciaux, il est vrai, mais agissant assez justement sur ses ordres généraux, s'avança contre la droite française. Tullibardine avec sa brigade écossaise prit le plus gros des combats de l'extrême gauche contre l'extrême droite française, et fut le premier à s'engager parmi les arbres. La grande masse de la force remonta l'ouverture entre le taillis appelé bois de Tiry et le bois principal, dans le but de porter les retranchements qui partaient du coin du bois en face de Malplaquet et couvraient cette lisière de la brèche ouverte. . Les neuf premiers bataillons étaient dirigés par le prince d'Orange en personne ; son courage et sa ténacité, bien que fatals à l'issue du combat, constituent peut-être la plus belle partie de notre histoire. Alors qu'ils approchaient des terrassements français, une batterie française s'ouvrit sur eux, juste sur leur flanc, à la lisière du bois, enfilant des rangs entiers et effectuant, dans le plus bref délai, une exécution terrible. Le jeune leader réussit à atteindre les terrassements. Le parapet fut forcé, mais Boufflers fit venir des hommes de sa gauche, c'est-à-dire du centre de la brèche, repoussa les Hollandais et arrêta, au faîte de son succès, cet assaut résolu. Si le bois de Tiry n'avait pas été là pour séparer de sa droite l'essentiel du commandement du prince d'Orange , des renforts auraient pu parvenir jusqu'à lui et sauver le désastre. En l'état actuel des choses, le bois de Tiry avait coupé l'avancée en deux courants, et aucun ne pouvait aider l'autre. Les troupes hollandaises et les Highlanders se rallièrent ; le prince d'Orange chargea de nouveau avec une bravoure personnelle qui le rendit remarquable devant tout le monde et devait le rendre célèbre dans l'histoire, mais la tâche était au-delà de ce que les hommes pouvaient accomplir. La meilleure brigade dont disposaient les Français, celle de Navarre, fut amenée à faire face à ce second assaut, la brisa, et les Français bondirent des terrassements pour poursuivre la fuite de leurs assaillants. De nombreuses unités d'Orange furent prises lors de cette déroute, et les canons de sa batterie avancée tombèrent entre les mains des Français. Au delà du bois de Tiry, l'extrême droite de la charge hollandaise n'avait pas connu de meilleur sort. Il avait emporté le retranchement central des Français, pour être repoussé lors de l' ouverture du corps principal entre le bois de Tiry et le bois de Lanière .

A ce moment donc, après onze heures, qui coïncidait avec le succès de Lottum et Schulemberg dans la forêt de Sars, sur la droite, la gauche alliée avait été désespérément repoussée des retranchements de la brèche et de la lisière du bois de Lanière .

Marlborough fut rapidement rappelé de son commandement personnel des troupes victorieuses de Lottum et le supplia de faire ce qu'il pouvait pour les régiments brisés d'Orange. Il revint au galop sur le champ de bataille, sur environ un kilomètre et demi de champs ouverts, et fut consterné de constater les ravages. De la grande force qui s'était avancée une heure et demie auparavant contre Boufflers et la droite française, un bon tiers fut touché, et 2 000 ou plus gisèrent morts sur les chaumes et la bruyère grossière de ces hauteurs. Les cadavres éparpillés sur un demi-mile de fuite des retranchements français, presque revenus à leur position d'origine, montraient largement la gravité du coup. Il était impossible de tenter une nouvelle attaque contre la droite française avec un espoir de succès.

Marlborough, espérant que la forêt de Sars serait bientôt définitivement défrichée, décida de changer de plan. Il ordonna l'avancée sur le centre de la position des quinze bataillons de Lord Orkney, renforça cette avance par des équipes d'hommes de la gauche hollandaise brisée, et se prépara avec une certaine délibération à charger la ligne de terrassement qui traversait l'open et les neuf redans qui le traversaient. nous l'avons vu étaient détenus par les alliés français et les mercenaires de Bavière et de Cologne, et attendent son moment. Ce moment arriva vers une heure ; à ce stade de l'action, les forces opposées se tenaient quelque peu comme elles sont esquissées sur la carte au-dessus de la page.

La pression sur les Français dans le bois de Sars, sans cesse croissante, avait déjà amené Villars, qui y commandait en personne, à demander de l'aide à Boufflers ; mais la demande est venue alors que Boufflers luttait de toutes ses forces contre la dernière attaque hollandaise, et aucune aide ne pouvait être envoyée.

A contrecœur, Villars avait affaibli son centre en en retirant les deux régiments irlandais, et continuait à se disputer pied à pied la forêt de Sars. Mais pied après pied et arbre après arbre, au cours d'une série d'engagements individuels, ses hommes furent repoussés et une plus grande partie de la forêt fut occupée par les troupes de Schulemberg et de Lottum . Eugène a été blessé, mais a refusé de quitter le terrain. La perte avait été épouvantable des deux côtés, mais particulièrement sévère (comme on pouvait s'y attendre) parmi les assaillants, lorsque, peu avant une heure, les derniers soldats français furent chassés du bois.

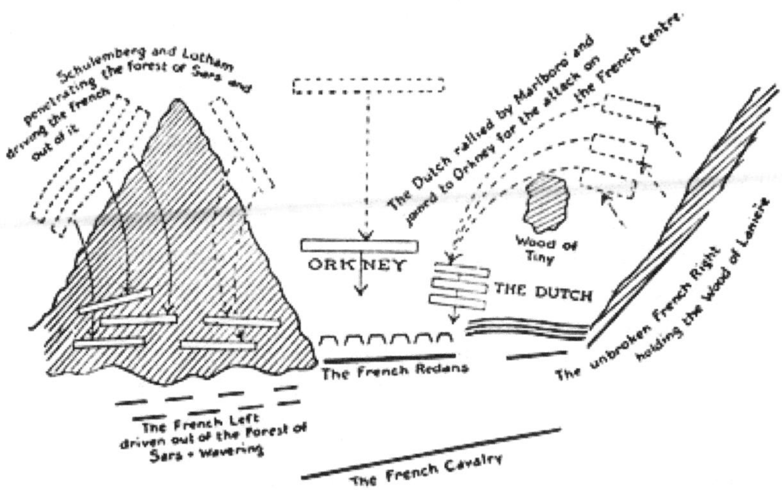

Croquis montrant Marlborough amenant des troupes au centre pour l' attaque finale et réussie contre les retranchements vers 13 heures.

Toute cette défense principale que formait la forêt de Sars sur le flanc gauche français était perdue, mais le combat avait été si épuisant pour les assaillants dans la confusion des sous-bois, et la difficulté de les former dans les arbres était si grande, que le Les forces françaises, une fois à l'extérieur du bois, pouvaient se rallier à loisir et se mettre en ligne pour recevoir tout mouvement ultérieur de la part de leurs adversaires. C'est alors que la gauche française était ainsi rangée derrière le bois de Sars, avec ses redans au centre affaiblis par le retrait de la brigade irlandaise, que Marlborough ordonna l'attaque centrale finale contre ces redans. L' honneur de les porter revint à Lord Orkney et à ses bataillons britanniques. Ses hommes envahirent les remblais au premier élan, brisant l'infanterie épuisée derrière eux (car ceux-ci, après le retrait des Irlandais, n'étaient plus que les hommes de Bavière et de Cologne), et tinrent le parapet.

Les terrassements français ainsi réalisés par l'infanterie au centre , le lecteur moderne pourrait bien présumer qu'une déroute complète des forces françaises aurait dû s'ensuivre. Mais il poserait cette prémisse sans compter sur le rôle prépondérant que joua la cavalerie dans les guerres de Marlborough.

Face aux bataillons anglais victorieux des Orcades, désormais en possession des redans, se dressaient les escadrons ininterrompus de la cavalerie française, longs d'un kilomètre et demi.

La cavalerie alliée, passant entre les brèches de sa ligne d'infanterie, commença à se déployer pour la charge, mais alors même qu'elle se déployait , elle fut chargée par les cavaliers français, repoussée et plongée dans la confusion. Le court reste de la bataille n'est qu'une mêlée de sabres , mais la nature de cette mêlée doit être clairement comprise, et le caractère de la résistance de la cavalerie française compris, car c'est ce qui a déterminé l'issue du combat et sauvé l'ennemi. armée de Louis XIV.

Un récit détaillé des charges et contre-charges du cheval adverse serait déroutant pour le lecteur et est, en fait, impossible à raconter, car il n'en reste aucune trace contemporaine sous quelque forme que ce soit qui puisse être exposée avec lucidité.

un aperçu approximatif de ce qui s'est passé : -

La première contre-charge des Français réussit, et la cavalerie alliée, prise en plein déploiement, fut repoussée en confusion, comme je l'ai dit, sur l'infanterie britannique qui alignait les terrassements capturés.

La grande batterie centrale de quarante canons que Marlborough avait tenue toute la journée au centre de la brèche, se divisa à droite et à gauche, et, une fois débarrassée de ses propres troupes, tira de chaque côté sur la cavalerie française. Secouée, confuse et presque brisée par cet incendie, la cavalerie française fut chargée par un nouveau corps de cavalerie allié dirigé par Marlborough en personne, composé d'unités britanniques et prussiennes. Mais, juste au moment où la charge de Marlborough réussissait, le vieux Boufflers , faisant venir la cavalerie de maison française devant le village de Malplaquet , chargea directement sur le flanc des troupes à cheval de Marlborough, repoussa leurs première et deuxième lignes et détruisit l'ordre de leurs troupes. troisième.

Alors Eugène, avec encore un autre corps de cavalerie fraîche (du Service Impérial), chargea à son tour, et la bataille de Malplaquet se termine dans un furieux mélange d'hommes à cheval, qui se séparent peu à peu en deux lignes invaincues, chacune se retirant du front. concours.

On se demandera pourquoi une conclusion si curieusement impuissante a été autorisée à mettre un terme aux combats dans un domaine aussi célèbre.

La réponse à cette question est que les efforts des deux côtés ont dépassé les limites au-delà desquelles les hommes sont physiquement incapables d'agir davantage. Toute tentative des Français d'avancer en force après deux heures aurait conduit à leur désastre certain, car les alliés étaient désormais en possession de leur longue ligne de terrassements. [14]

D'un autre côté, les alliés ne purent avancer, car les hommes sur lesquels ils pouvaient encore compter pour l'action étaient réduits en nombre insuffisant. Environ un tiers de leur vaste armée était tombé dans cette bataille des plus meurtrières ; entre un huitième et un sixième étaient morts. Parmi les autres, la grande partie souffrait à cette heure d'un épuisement qui interdisait tout effort efficace.

Les chevaux des deux côtés auraient pu en effet continuer à charger et contre-charger en vain et sans effet final, mais l'action de la cavalerie dans les chocs répétés et avortés, dont une liste vient d'être détaillée, ne pouvait conduire ni l'un ni l'autre commandant à se retirer. j'espère un résultat final. Boufflers ordonna la retraite, protégé par ses lignes de chevaux encore ininterrompues. L'infanterie fut retirée du bois de Lanière , qu'elle tenait toujours, et de ses positions derrière la forêt de Sars. Ils furent dirigés en deux colonnes vers Bavai sur leurs arrières, et alors que cette retraite ordonnée et sans hâte était accomplie, la cavalerie se présenta pour suivre la ligne, et l'armée française, laissant le champ en possession des vainqueurs, recula vers l'ouest par les deux voies romaines en formation aussi régulière que si elles avaient avancé au combat plutôt que reculé d'une position abandonnée.

Il n'était pas tout à fait trois heures de l'après-midi.

Il n'y avait pas de poursuite, et il ne pouvait y en avoir. L'armée alliée dormait sur le terrain qu'elle avait conquis ; se reposa, évacua ses blessés et reconstitua ses rangs brisés pendant toute la journée du lendemain jeudi. Ce n'est que le vendredi qu'elle put revenir du champ de bataille dans lequel elle avait triomphé au prix de si terribles dépenses en nombre, en canons et en couleurs , et avec un résultat stratégique si nul, et reprendre le commandement. siège de Mons. Le 9 octobre, Mons capitula, fournissant le seul fruit de cette plus ardue de toutes les grandes campagnes de Marlborough.

Aucune bataille n'a été disputée avec plus de vaillance et de ténacité que la bataille de Malplaquet . La nature des combats dans les forêts a contribué aux énormes pertes subies de chaque côté. Le délai pendant lequel les Français avaient pu se retrancher si complètement faisait naturellement peser la grande balance des pertes sur les assaillants. Dans aucune bataille, libre, comme Malplaquet l'était, de toute poursuite ou déroute, ou même de la rupture d'un corps de troupes considérable (à l'exception des troupes hollandaises et des Highlanders sur la gauche dans la première partie de la bataille, et des Bavarois et des Highlanders). Hommes de Cologne dans les redans à la fin), la proportion des tués et des blessés a-t-elle été si élevée. Dans aucun pays, peut-être, des pertes aussi lourdes n'ont été accompagnées d'une proportion aussi faible de prisonniers.

Cette action restera tout au long de l'histoire un exemple permanent du degré d'excellence auquel pouvaient parvenir ces armées professionnelles hautement entraînées du XVIIIe siècle, avec leur discipline sauvage, leur commandement aristocratique, leurs formations serrées et leur extraordinaire confiance dans l'audace humaine.

FINI

Notes de bas de page

[1] D'où l'ensemble des lignes prend dans l'histoire le nom de « Lignes de La Bassée ».

[2] Comme cela est fréquent dans l'histoire des affaires militaires, les partisans des deux partis présentent ces mouvements confus devant les lignes de La Bassée à la veille du siège de Tournai sous des angles très différents et même contradictoires.

L'œuvre classique de M. Fortescue, à laquelle je dois, ici comme ailleurs, rendre hommage, devra être conçue délibérément dans son ensemble, dès son origine ; aucune bataille n'était prévue, le siège de Tournai étant le seul véritable objectif des alliés.

Les apologistes français parlent de querelles entre Eugène et Marlborough, tiennent pour acquis un plan d'assaut contre Villars et représentent le renvoi de l'armée vers le siège de Tournai comme une réflexion après coup. La vérité, bien entendu, est contenue dans les deux versions et se situe entre les deux. Eugène et Marlborough avaient effectivement l'intention de lancer un assaut destructeur contre Villars et sa ligne, mais ils furent très tôt persuadés - notamment par la reconnaissance de Cadogan - que l'habileté défensive du commandant français s'était révélée formidable, et nous pouvons considérer que la détermination d'assiéger Tournai et l'abandon de l'assaut contre le gros des forces françaises avait été atteint au moins dès le 26. Il n’existe cependant aucune preuve positive, dans un sens ou dans l’autre, permettant de trancher ces questions de mobile. Je ne m'appuie que sur l'intention probable des hommes, à déduire de leurs actions, et je ne crois pas que les Hollandais auraient reçu l'ordre de se déplacer aussi tôt qu'ils l'ont fait à moins que Marlborough n'ait décidé, au plus tard au moment où je l'ai fait. l'avons évoqué, faire de Tournai le premier objectif de la campagne.

[3] M. Fortescue dans son travail en fait le 23. Je ne peux pas concevoir la base d'une telle erreur. Toute l'histoire des 24, 25, 26, 27, 28 et 29 est dans les archives françaises, ainsi que tous les détails de la capitulation des 29 et 30.

[4] Comme d'habitude, il y a une contradiction dans les dossiers. Le dossier français attribue définitivement la proposition à Marlborough. Marlborough, dans une lettre à sa femme du 5 août, l'attribue définitivement à Surville ; et il n'y a aucune preuve positive dans un sens ou dans l'autre, bien que le rejet par Louis des termes, de la capacité de calcul et du caractère des deux hommes rende certainement plus probable que Marlborough et non Surville soit l'auteur de la proposition .

[5] Le différend quant à savoir qui était l'auteur de la suggestion d'armistice est encore éclairé par ce refus de la part des alliés. La proposition de contenir Tournai tout en libérant leurs vastes forces en opération ailleurs, même si elle était un peu grossière, était certainement à leur avantage, et tout aussi certainement au désavantage des Français.

[6] Cette excellente phrase est celle de M. Fortescue.

[7] Techniquement, la ligne de défense était forcée, car la ligne de Trouille n'était qu'une continuation des lignes de La Bassée — Douai — Valenciennes. En ce qui concerne les résultats stratégiques, le retrait de Villars derrière la barrière forestière équivalait à la reconstruction de nouvelles lignes, et en l'occurrence l'action de Malplaquet prouva que cette nouvelle position défensive était suffisamment forte pour empêcher l'invasion de la Francc. En revanche, il ne fait aucun doute que si Villars avait été un peu plus fort, il aurait choisi de combattre sur les anciennes lignes et non derrière les bois.

Il faut remarquer en outre que si les opérations n'avaient pas été prolongées comme elles l'ont été par l'existence de postes sur les lignes, notamment à Saint- Ghislain , la position défensive des Français aurait probablement été forcée et toute leur ligne brisée dès le début de la guerre. 4 septembre.

[8] Il est remarquable que ces deux routes, qui sont la caractéristique principale à la fois du paysage et de la topographie militaire locale, et qui sont bien sûr aussi droites que des cordes tendues, sont représentées sur la carte de M. Fortescue (vol. i . p . 424) car les voies sinueuses ou, pour parler plus exactement, ne sont pas représentées du tout. En cela, le savant historien de l'armée britannique a peut-être été induit en erreur par l'atlas de Coxe sur la campagne de Marlborough, une compilation pittoresque mais tout à fait inexacte. L'étudiant qui désire étudier cette action en détail fera bien de consulter la carte de l'artillerie belge à l'échelle 1 /40.000 contours à 5 mètres , section Roisin, et la carte d'état-major français, 1 /80.000, section Maubeuge , sud- quartier ouest; l'action se déroulant exactement à la frontière entre la Belgique et la France, les deux cartes sont nécessaires. Pour la position stratégique générale, le 1/200 000 français en couleurs , feuille Maubeuge , et la feuille attenante, Lille, suffisent.

[9] Le lecteur qui comparera ce récit de Malplaquet avec d'autres sera d'autant moins confus s'il se souvient que la forêt de Sars est appelée à cette extrémité la plus proche de la brèche le bois de Blaregnies , et que ce nom est souvent étendu, surtout dans les comptes anglais, à toute la forêt.

[10] Ces 9 000 trouvèrent à Saint- Ghislain un poste tardif de 200 Français, qui se rendirent. Quelqu'un les avait oubliés.

[11] Pour une discussion à ce sujet, voir plus loin p. 75 .

[12] Ils étaient commandés par Hamilton et Tullibardine . Il est à remarquer que le commandement de toute la gauche de l'armée du prince d'Orange, bien qu'il ne fût pas à moitié écossais, était sous le commandement de Hamilton et de Douglas. Les deux régiments de Tullibardine et Hepburn étaient sous le commandement personnel du marquis de Tullibardine , héritier d' Atholl .

[13] Nominalement sous Tilly, mais pratiquement sous le jeune commandant royal.

[14] Villars, blessé et évanoui de douleur, avait été retiré du terrain une heure ou deux auparavant, et tout le commandement était maintenant entre les mains de Boufflers .

9 789359 251493

Printed at Repro India Ltd.